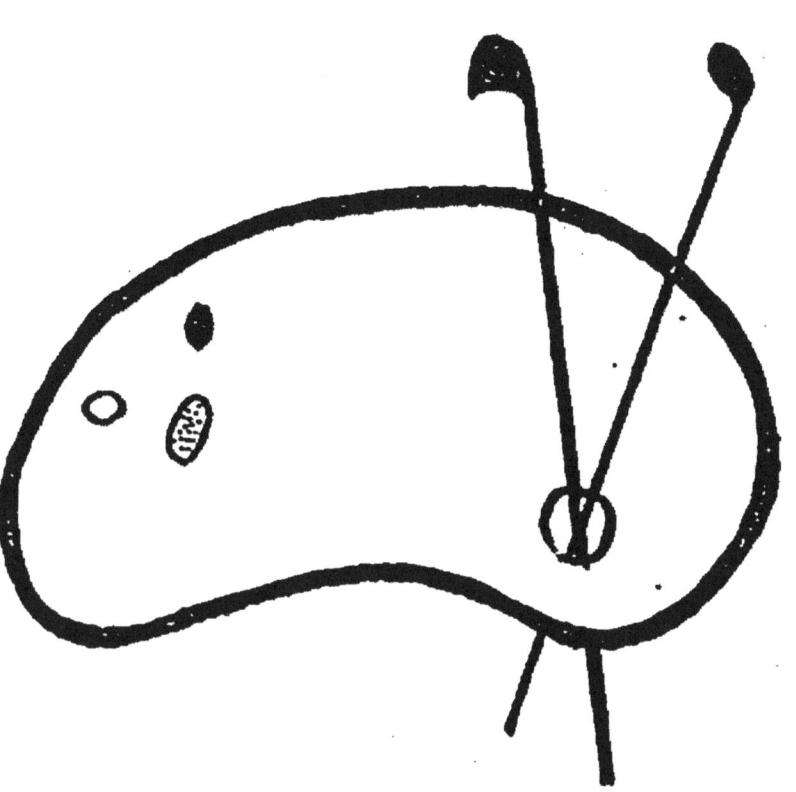

DEBUT D'UNE SERIE DE DOCUMENTS EN COULEUR

UN

Essai d'Explication

Des Traditions Provençales

Par Dom Louis LÉVÊQUE

O. S. B.

~~~~~~~

AIX
IMPRIMERIE J. NICOT, RUE DU LOUVRE, 16
1898

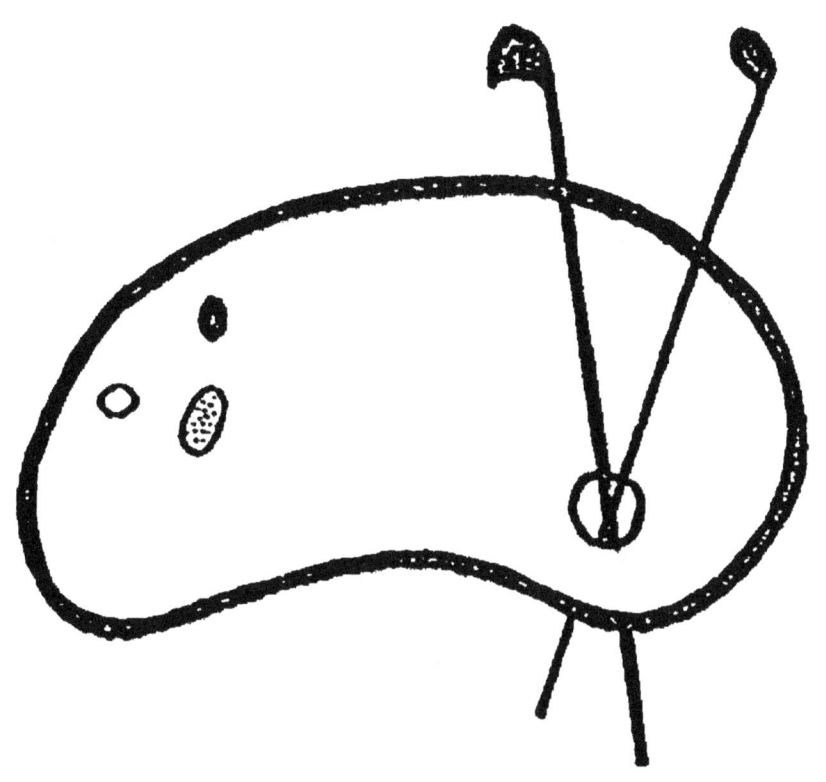

FIN D'UNE SERIE DE DOCUMENTS EN COULEUR

UN

Essai d'Explication

Des Traditions Provençales

Par Dom Louis LÉVÊQUE

O. S. B.

AIX
IMPRIMERIE J. NICOT, RUE DU LOUVRE, 16
1898

Un Essai d'Explication des Traditions Provençales

La question des « traditions provençales » qui a déjà provoqué tant de controverses, n'est pas près d'être épuisée. Quelques érudits se persuadent bien à tort qu'ils les ont détruites, et qu'il n'y a plus à y revenir. Cependant, loin d'être couronnés du succès dont ils se flattent, leurs arguments, comme on va le voir, se retournent parfois contre eux, et confirment, au lieu de les détruire, ces vénérables traditions.

Il ne suffit pas de démolir, il faut songer à mettre quelque chose à la place de ce que l'on a démoli, et, dans le cas présent, d'expliquer, avec preuves à l'appui, comment ces traditions, que la science, dit-on, répudie, ont pu prendre naissance, se faire accepter de tout un peuple chrétien, occuper une place importante dans l'histoire, entrer avec éclat dans le culte religieux, laisser des monuments considérables, si elles ne sont que des supercheries, des inventions intéressées, et n'ont jamais eu aucune réalité. C'est la cause de tels effets qu'il faudrait bien préciser et mettre au clair. C'est ce que Dom G. Morin a voulu tenter. Voici comment il pose la question à laquelle il croit pouvoir donner une réponse victorieuse et définitivement acquise : « N'y a-t-il donc jamais eu aucune réalité sous tous ces noms, sous toutes ces reliques qui furent si longtemps l'objet de la vénération populaire ? Tout en faisant la part la plus large possible aux supercheries intéressées, à la puissance d'amplification du tempérament méridional, à la crédulité de nos aïeux, qui accepta tant de choses les yeux fermés, il sera toujours malaisé d'admettre que de Marseille à Autun, de Vézelay à Saint-Maximin et à la Sainte-Baume, on se soit donné le mot pour inventer de toutes pièces un tel assemblage de personnages et de faits. » Telle est la question qu'il a traitée dans les *Mémoires de la Société nationale des antiquaires de France*, t. 56, et qu'il a publiés à part avec ce titre : *Saint Lazare et saint Maximin, recherches nouvelles sur plusieurs personnages de la « tradition provençale.* »

Du reste, la difficulté à laquelle il se propose de répondre n'est pas la seule que fasse naître la démolition des traditions provençales, car il avoue lui-même que les conclusions, jusqu'ici presque exclusivement négatives, des meilleurs critiques, laissent subsister plus d'une énigme. Il s'est donc mis à rechercher « le peu qu'il pouvait y avoir de données vraiment traditionnelles sous toutes ces légendes répudiées par la science ». Pour Madeleine et pour Marthe, il doit convenir qu'il n'a pas trouvé la moindre explication. Il y a donc là encore une énigme à élucider. « Pour Lazare, au contraire, et les personnages auxquels la tradition locale attribue les sarcophages de la crypte de Saint-Maximin, je crois avoir enfin trouvé ce qu'ils furent au vrai, ou du moins d'où ils sont venus. » Examinons donc son étude avec tout le sérieux qu'elle mérite.

I. — *Saint Lazare de Marseille.* Le point de départ, c'est l'inscription qui se trouvait dans la crypte de Saint-Victor, relevée par Peiresc, rééditée par M. Albanès dans la *Gallia christiana novissima*, et qui paraît avoir été l'épitaphe d'un évêque du nom de *Lazare*, comme permettent de le penser le nom et le titre donnés en abrégé, selon le style lapidaire : PP LAZAR. Faut-il lire *Lazarus* ou *Lazara*? le relatif *que* pour *quæ* qui suit le nom semblerait indiquer qu'il s'agit d'une *Lazara*. M. Edmond Le Blant, un des plus savants épigraphistes de ce temps, incline assez fortement pour cette dernière lecture (1). Cependant il y a lieu de croire que c'est bien là l'épitaphe d'un évêque. Tel était aussi le sentiment de M. Albanès, comme on va le voir.

D'où ce Lazare était-il évêque? On trouve au commencement du

---

(1) *Nouveau recueil des Inscriptions*, p. 212.

V⁵ siècle, un Lazare, évêque d'Aix. Arrivé à l'épiscopat par la protection d'un usurpateur, il fut contraint, peu de temps après, de descendre de son siège. Après avoir déployé un très grand zèle en Occident et en Orient, contre les erreurs de Pélage, il fut en butte à de graves accusations et frappé d'excommunication par le Pape Zosime, qui le dénonça comme une peste qu'il fallait fuir avec soin, dans plusieurs lettres consécutives. Les dernières années de sa vie sont inconnues, et l'on ne sait pas du tout ce qu'il devint. « Nous croyons, dit M. Albanès, que Lazare vint passer la fin de sa vie à Marseille, sous la protection de Proculus, et que c'est à lui que se rapporte l'épitaphe suivante, trouvée à Saint-Victor (1). » Ce n'est donc là qu'une opinion personnelle de M. Albanès, et qui ne repose que sur une vraisemblance plus ou moins contestable. Au fond, ce n'est qu'une hypothèse. Et cependant Dom G. Morin part de là pour affirmer l'identité du Lazare de l'épitaphe avec l'ancien évêque d'Aix. C'est aller, ce semble un peu vite, et les règles d'une rigoureuse critique pourraient avoir à s'en plaindre.

Mais voici le but poursuivi : « Une conséquence d'un tout autre genre, à laquelle M. Albanès n'a peut-être pas songé (assurément, et il ne le pouvait guère)... est celle-ci : Ce Lazare, évêque d'Aix, ce pontife de bonne mémoire, que nous voyons avoir été inhumé dans les cryptes de la célèbre abbaye marseillaise, ne serait-il pas le même que quelques siècles après on honorait au même endroit comme étant le Lazare de l'Evangile, l'ami du Christ, le ressuscité ? Pour ma part, il me semble qu'ayant enfin trouvé, à la place désignée par la tradition, un Lazare authentique (hypothétique, plutôt) il serait peu raisonnable de ne point nous en contenter et d'en exiger un second pour le seul motif que celui que nous tenons n'appartient pas à l'âge apostolique. Je croirais faire injure au lecteur critique et impartial en insistant davantage. »

Le lecteur critique et impartial comprendra sans peine que le seul motif pour lequel on ne veut pas se contenter d'un Lazare du V⁵ siècle, dont l'inhumation à Marseille est d'ailleurs fort douteuse, c'est qu'il y en avait un autre plus ancien, que l'Eglise de Marseille a toujours honoré comme son premier évêque. Où est l'impossibilité que ces deux

---

(1) *Gal. christ. novis.* T. I. col. 29.

évêques du nom de Lazare, l'un à Aix, l'autre à Marseille, aient existé à quatre siècles d'intervalle?

Mais ne pourrait-on pas retourner l'argument et dire : Vous ne voulez pas de saint Lazare, premier évêque de Marseille, et comme il vous en faut un, vous vous rabattez sur un évêque d'Aix, du V° siècle.

Mais arrivons au gros morceau. Dom G. Morin nous propose d'admettre, sans fournir aucune preuve, que les gens de Marseille, « plusieurs siècles après » prirent un évêque du nom de Lazare, du V° siècle, pour saint Lazare, le ressuscité, dont ils firent leur premier évêque. Cette confusion est absolument invraisemblable, en supposant même, ce qui n'est pas certain, que le Lazare d'Aix eût été inhumé dans les cryptes de Saint-Victor.

Si ce Lazare avait été évêque de Marseille, et s'il avait vécu à une époque enveloppée de ténèbres, de façon qu'il fût impossible de rien savoir de son histoire, comme cela arrive pour les premiers évêques de presque toutes les églises, à la rigueur la confusion se comprendrait et pourrait servir de base à une hypothèse ; s'il avait laissé après lui un grand renom de sainteté ou s'il avait remporté la palme du martyre, si par là même il avait été honoré d'un culte particulier, il n'y aurait eu, dans ce cas, qu'un pas à faire pour arriver à la confusion, et celle-ci ne serait pas dépourvue d'une certaine vraisemblance.

Mais, non ; rien de tout cela ne peut s'appliquer au Lazare de l'inscription. Celui-ci était évêque d'Aix, et ce titre était consigné dans des documents officiels, tels que les lettres, d'une extrême gravité, du pape Zosime ; dans des écrits du temps ; et la notoriété qu'il avait reçue était si universelle que nul ne pouvait jamais l'oublier. Les Marseillais n'avaient aucune raison de le revendiquer pour leur évêque.

Lazare, évêque d'Aix, vivait à une époque des plus connues de l'histoire et des mieux documentées, au début du V° siècle, en pleine période patristique. Les faits les plus saillants de sa vie étaient consignés dans des documents officiels, publics, considérables, qui ne pouvaient pas tomber dans l'oubli et qu'une Eglise comme celle de Marseille ne pouvait jamais cesser de connaître. Cet évêque dont la vie avait été si tourmentée et que le Pape, trompé peut-être sur son compte, dénonçait au monde entier comme un perturbateur de la paix publique et comme un fléau, avait dû laisser dans le souvenir des peuples, comme dans l'histoire de ce temps, des traces profondes et vivaces.

Et c'est un tel évêque que les Marseillais auraient pris pour leur premier évêque, le faisant vivre et gouverner leur Eglise peu de temps après l'ascension du Sauveur qui l'aurait ressuscité! Mais ce qui rend la confusion dont les Marseillais sont accusés encore plus invraisemblable, c'est le caractère de la vie de ces deux évêques, qui portent le même nom. Dans les âges de foi, la sainteté était considérée par les peuples comme une auréole dont l'éclat éclipsait toutes les autres qualités, et laissait même dans l'ombre l'époque précise où elle avait brillé. Que d'hagiographes, par exemple, ne prennent pas la peine d'indiquer, même approximativement, le temps, le siècle même où vécut le saint dont ils racontent les vertus et les miracles dans les plus minutieux détails! Qu'en pareils cas, des confusions se produisent, il n'y a là rien d'étonnant, et l'histoire en offre des exemples. Mais l'évêque d'Aix, du nom de Lazare, vivant au V° siècle, laissa-t-il après lui le prestige d'une grande sainteté? Assurément non, et l'on ne voit pas qu'il ait été honoré d'un culte quelconque. Fut-il martyr? Encore moins; et si, comme on le dit, il vint passer à Marseille les dernières années de sa vie, tout le monde put être témoin qu'il n'avait pas versé son sang pour la cause du Christ. Est-il donc le moins du monde vraisemblable que les Marseillais aient identifié un tel évêque, non pas avec un autre saint quelconque, mais avec le Lazare de l'Evangile, l'ami du Sauveur, le ressuscité, dont la sainteté devait briller d'un incomparable éclat?

De quelque côté que l'on envisage cette question, il n'est pas possible d'entrevoir la possibilité de l'identification de deux évêques si différents sous tous les rapports. Nous insistons sur cette impossibilité d'identification, parce que, en réalité, il n'y a aucune preuve précise en sa faveur.

L'identification dont on nous parle aurait eu lieu, dit-on, « plusieurs siècles après ». C'est-à-dire, évidemment, trois ou quatre siècles plus tard, ce qui nous reporte au VIII° ou au IX° siècle. Or, dans la première moitié du XI° siècle, nous trouvons sur le monastère de Saint-Victor un document important. « Dans sa bulle si curieuse du 15 octobre 1040, relative à la consécration de cette célèbre abbatiale, dit Dom G. Morin, le pape Benoît IX dit que celle-ci avait jadis été enrichie des reliques de saint Lazare ressuscité par Jésus-Christ. » C'est la première fois, selon la remarque du même auteur, « qu'apparaît le culte du fabuleux Lazare ». Il n'est pas sans intérêt de faire remarquer que la première mention *écrite* du culte de saint Lazare à Marseille se trouve dans un acte pontifical d'une valeur exceptionnelle. C'est la rédaction du procès-verbal de la consécration par le pape Benoît IX, de l'église abbatiale de Saint-Victor. Là se trouvèrent autour du Pontife tous les archevêques et évêques de la Provence et quelques-uns des pays voisins, ainsi que les grands seigneurs de la même contrée, et une foule immense évaluée à dix mille personnes. Le texte de la rédaction faite au nom du Pape, s'exprime en ces termes : « Un grand nombre de saints livres attestent que ce monastère fut favorisé de grandes marques d'honneur, doté de diplômes impériaux, enrichi des reliques des saints martyrs Victor et ses compagnons, et aussi de saint Lazare ressuscité par Jésus-Christ. »

A cette époque, la Provence entière et les pays voisins ne doutaient nullement que ce Lazare ne fût le ressuscité ; le Pape et sa suite n'en doutaient pas davantage. C'était alors une persuasion universelle, immémoriale, en Provence, dans les pays d'alentour, à Rome, et l'on peut dire partout. Il y a plus : les rédacteurs pontificaux trouvèrent ou se firent donner des écrits touchant les richesses dont se glorifiait saint Victor, et dont le procès-verbal devait faire mention, tels que les diplômes impériaux, notamment ceux de Pépin, de Charles, de Louis, de Carloman et de Lothaire, rois de France, et puis, de nombreux volumes, de nature à les renseigner exactement. Tout ceci nous reporte à une époque évidemment bien antérieure au XIe siècle. Encore une remarque : Quand il s'agit de l'histoire primitive des cryptes de Saint-Victor, le procès-verbal se contente de dire : Comme on le rapporte : *ut ferunt*. Mais ici, à propos des diplômes, des reliques dont saint Victor avait été enrichi, la rédaction déclare avoir puisé ses renseignements dans de nombreux volumes.

La Bulle du pape Benoît IX relative aux reliques de l'abbaye de Saint-Victor, et en particulier à celles de Saint-Lazare, a une autorité qui s'impose, tant qu'on ne l'aura pas infirmée par des textes clairs et authentiques (1).

Concluons que l'identification d'un Lazare évêque d'Aix au Ve siècle,

---

(1) « Multis dilatatum honoribus et præceptis decoratum imperialibus Pipini, Caroli, Ludovici, Carlomani, Lotharii nec non passionibus sanctorum martyrum Victoris et sociorum ejus sed et sancti Lazari a Christo Jesu resuscitati, plurimorum sacrorum voluminum testimonia produnt. » (FAILLON, *Documents inédits...* t. II, p. 633.)

en supposant, ce qui, il faut le redire, n'est pas certain, qu'il eût été inhumé dans les cryptes de Saint-Victor, avec le Lazare de l'Evangile que l'Eglise de Marseille honore comme son premier évêque et son premier martyr, ne repose que sur une hypothèse, est dépourvue de toute vraisemblance historique, et doit être rejetée sans la moindre hésitation.

Il est fort à croire que si nous proposions à nos adversaires d'admettre comme choses parfaitement démontrées de pareilles hypothèses et de telles invraisemblances, ils ne se contenteraient peut-être pas de nous répondre par un sourire dédaigneux.

II. — *Le groupe de Saint-Maximin* : « On honore dans la petite ville de Saint-Maximin en Provence, les personnages suivants dont on montre les tombeaux dans la crypte de l'église : Sainte Madeleine, saint Maximin, l'un des soixante et douze disciples du Sauveur, premier évêque d'Aix ; saint Sidoine, l'aveugle-né de l'Evangile, évêque d'Aix, après saint Maximin ; sainte Marcelle, servante de Marthe et de Maximin ; enfin deux saints Innocents. »

Dom G. Morin établit d'abord qu'au XIe siècle, il y avait au lieu où s'éleva la ville de Saint-Maximin, plusieurs églises dont la première s'appelait « l'église de Saint-Maximin », et dans celle-ci un autel dédié à saint Sidonius. A ce dernier était dédiée aussi « une église au diocèse de Toulon ».

Mais les sarcophages de la crypte de Saint-Maximin que l'on attribue à ces saints, que faut-il en penser ? « Pour toute personne impartiale, a dit M. l'abbé Duchesne, la crypte de Saint-Maximin n'est autre chose que la sépulture d'une famille gallo-romaine du Ve ou du VIe siècle (1). » Dom G. Morin ajoute : « Cette sentence si catégorique semble avoir particulièrement déplu aux derniers tenants de la légende provençale. » Ces *derniers tenants de la légende provençale* ne sont pas émus outre mesure par le ton catégorique, pour ne rien dire de plus, de cette sentence, pas plus que de bien d'autres du même auteur. Et ici, c'est avec toute raison, car voici sur la crypte de Saint-Maximin, le jugement d'un archéologue de grande valeur, lui aussi membre de l'Institut, M. Ed. Le Blant : « En ce qui touche la crypte de Saint-Maximin je suis per-

---

(1) *Fastes épiscop.* t. 1, p. 320.

suadé que c'est un lieu saint. La chose ne saurait être douteuse pour un archéologue ; et la preuve en est dans la *fenestella*, ouverte dans l'un des monuments. J'en ai, du reste, dit quelques mots dans mon volume intitulé : *Les Sarcophages chrétiens de la Gaule*, p. 154-155 (1). »

La question de la crypte et des sarcophages de Saint-Maximin n'est donc pas tranchée du tout, car le second auteur, érudit de non moins grande autorité, est certainement « une personne impartiale », sans système et sans parti-pris d'aucune sorte.

Dom G. Morin emprunte pour les besoins de son système, tout à la fois à M. Duchesne, à M. Le Blant, sans compter ce qu'il tire de son propre fonds.

Avec le premier, il convient « que les sarcophages réunis dans la crypte aient pu d'abord être destinés à une sépulture de famille. »

Avec le second, il tient compte de la *fenestella* pratiquée dans l'un des sarcophages, et reconnaît que « l'un d'entre eux au moins doit avoir contenu, à une époque quelconque, les reliques d'un saint. »

Voici ce qu'il tire de son propre fonds : après avoir constaté que l'usage des *fenestellæ* était caractéristique de la dévotion des premiers siècles, il se hâte d'ajouter : « Toutefois rien n'autorise à affirmer que le tombeau dont il s'agit ait servi dès l'origine à recevoir un corps saint. » Voilà pourquoi il dit que ce sarcophage « doit avoir contenu, *à une époque quelconque* les reliques d'un saint. » C'est très prudent, mais n'y a-t-il pas dans cet arrangement quelque arbitraire, et la logique n'a-t-elle pas quelque droit de se plaindre ? Voici en effet, comment on peut, en peu de mots et selon la forme, établir le raisonnement de Dom G. Morin : l'usage des *fenestellæ* est caractéristique de la dévotion des premiers siècles : or, un des sarcophages de la crypte de Saint-Maximin est muni d'une *fenestella* ; donc ce sarcophage doit avoir contenu, *à une époque quelconque*, les reliques d'un saint. La logique commande de conclure : Donc ce sarcophage doit avoir contenu *dans les premiers siècles*, les reliques d'un saint. Autrement la conclusion est trop large pour être renfermée dans les prémisses. Dire que le corps de saint Sidonius auquel la tradition populaire attribue ce sarcophage, fut substitué, à une époque quelconque, à d'autres reliques,

---

(1) Ed. Leblant, lettre à M. le curé de Saint-Victor de Marseille, qui a bien voulu nous la communiquer.

pour lesquelles la *fenestella* avait été ouverte, c'est une pure hypothèse, car on ne peut fournir aucune preuve. Poursuivons :

M. Duchesne ayant dit que « les textes antérieurs au XI* siècle ne mentionnent aucun saint Maximin provençal », ces paroles ont été pour Dom G. Morin un trait de lumière. En effet, s'il n'y a aucun « saint Maximin *provençal*, celui qu'on a pris jusqu'ici pour tel ne serait-il pas venu d'ailleurs ? » Pour lui donc, M. Duchesne n'entend exclure qu'un saint Maximin *provençal*, en sorte que s'il s'agissait par exemple d'un saint Maximin auvergnat, honoré dans la crypte de Saint-Maximin en Provence, M. Duchesne ne l'exclurait pas. N'est-ce pas jouer sur les mots ? Et si l'on rejette le saint Maximin provençal parce que les textes antérieurs au XI* siècle n'en font aucune mention, où sont les textes antérieurs à ce même siècle, qui mentionnent un saint Maximin auvergnat, honoré en Provence ? C'est ici qu'apparaît la découverte de Dom G. Morin.

Il s'agissait donc pour lui de trouver le pays d'où était venu ce saint Maximin honoré à Saint-Maximin, mais qui n'était pas provençal. « C'est ainsi qu'après bien des tours et des détours mes investigations se sont concentrées sur Billom, l'une des localités où l'hagiographie signale le culte d'un saint Maximin ». Il est vrai qu'on est loin de s'entendre sur la qualification à donner à ce saint Maximin. Les uns parlent d'un saint Maximin évêque et confesseur ; d'autres d'un saint Maximin confesseur ; bien des gens sont d'avis aujourd'hui que ce saint Maximin n'est autre que saint Maxime abbé et martyr. Somme toute, on ne sait rien de certain de ce saint Maximin de Billom, en Auvergne.

Dans la même région, à Aydat, que l'on croit être *Avitacum*, Dom G. Morin a trouvé le culte de saint Sidoine Apollinaire, qui faisait ses délices de cette résidence. Aujourd'hui encore on trouve dans cette église un reliquaire avec cette inscription dont on ignore l'époque : Hic sc Duo Inocetes ✝ et S. Sidonius. *Ici sont les deux saints Innocents et saint Sidoine.* Enfin pas très loin de là, il a fait la découverte d'une sainte Marcelle, vierge, dont le culte est très répandu, quoique l'on ne sache rien de sa vie, bien que quelques-uns prétendent qu'elle fut martyre.

Voilà le groupe de saint Maximin « qui reparaît de nouveau au complet au pays d'Auvergne, Madeleine toujours exceptée, bien entendu.»

Cette bilocation, selon Dom G. Morin, ne peut s'expliquer « que par une exportation de reliques et de culte, soit d'Auvergne en Provence, soit de Provence en Auvergne. »

Naturellement il préfère la première alternative, sur laquelle repose tout son système. « Peut-être y aurait-il lieu d'hésiter, dit-il, n'était le cas de saint Sidoine. Il est clair en effet qu'on ne saurait assigner au culte de celui-ci à Aydat une origine exotique ; c'est bien l'ancien *Avitacum*, qui est ici le point de départ. Cette certitude une fois acquise pour l'un, vaut pareillement pour tous les autres personnages, dont le groupe se constitue. » Retenons ce raisonnement, car il va revenir.

Quant à la cause, à l'époque, aux circonstances de cette exportation, on ne peut rien savoir. Le champ des hypothèses est illimité ; on va à tâtons dans une nuit profonde. Il faut admettre tout cela les yeux fermés.

Parmi ces ténèbres, il y a pourtant un beau rayon de lumière, qui n'a pas frappé les regards trop occupés ailleurs de Dom G. Morin. C'est la lettre de Rostang, archevêque d'Aix (1056-1082) publiée par M. Albanès, et adressée à *tous les fidèles*, dans le but d'obtenir des contributions pour la construction d'une grande église à la place du petit oratoire *bâti par saint Maximin*. Il est clair que tous les fidèles savaient ces choses-là. Et si l'archevêque d'Aix voulait bâtir là une grande église, c'était, comme il le dit, afin de les mettre plus à l'aise quand ils y viendraient prier. Il faut bien remarquer qu'il ne s'agit pas là seulement des diocésains d'Aix, mais de *tous les fidèles*. D'où l'on peut conclure sans trop de témérité que cette petite église était un lieu de pèlerinage fort fréquenté, paraît-il, au XIe siècle, puisque la petite église ne suffisant plus, la piété des fidèles était gênée dans ses exercices et ses manifestations, et qu'il avait fallu songer à construire une grande église pour recevoir la foule des pèlerins.

Le tombeau de l'un et de l'autre est chez nous, ajoute l'archevêque Rostang (1).

(1) Voici tout ce remarquable passage de la lettre :
Notum sit autem vobis, fratres, quoniam sanctus Maximinus, qui fuit unus de septuaginta duobus discipulis Salvatoris, et Beata Maria Magdalene, quæ lacrymis suis pedes ejusdem Domini lavit et unguento perunxit, et sanctus Lazarus, quem quatriduanum idem Salvator ressuscitavit, post passionem Domini de Jerusalem discedentes per mare, navigando Massiliam venerunt, ibique Massilienses sanctum Lazarum retinentes episcopum Massiliae constituerunt, sanctus vero Maximinus cum beata

En 1102, le Pape Pascal II accordait à l'archevêque d'Aix l'usage du pallium pour les grandes fêtes de l'année, et parmi celles-ci sont mentionnées celle de sainte Madeleine et celle de saint Maximin. Preuve évidente que ces deux fêtes étaient très anciennes et très solennelles.

Que valent après cela les lignes suivantes de Dom G. Morin : « Tout ce qu'il est permis d'avancer avec une certaine probabilité, c'est que le rôle principal dans cette immigration des saints en Provence, doit avoir appartenu à saint Maximin de Billom, puisque son vocable a été affecté de préférence à l'église qui abritait le culte et les reliques du groupe entier. » Que vaut cette explication ? Ce que vaut l'hypothèse elle-même.

Le travail de Dom G. Morin est achevé. Il a trouvé en Auvergne les saints qu'il cherchait ; il croit avoir prouvé leur immigration en Provence : il ne lui reste plus qu'à tirer les conclusions, qu'il n'est pas malaisé de prévoir : « Le culte des saints personnages vénérés à Saint-Maximin est... fondé sur ce fait *désormais difficile à contester* : la translation à une époque antérieure au XIe siècle, des reliques de plusieurs saints arvernes dans cette localité. »

Mais il faut le répéter, l'archevêque Rostang, ni aucun des fidèles auxquels il s'adresse, durant le XIe siècle, ne soupçonnaient rien de semblable. Ces saints arvernes translatés en Provence auraient dû laisser des traces profondes dans les souvenirs du pays, puisque le principal d'entre eux avait donné son nom à l'église, et à la ville qui en était sortie, et qu'il ne tarda pas à acquérir dans sa nouvelle patrie une importance si grande, que l'on finit presque, dit Dom G. Morin, par l'oublier dans son pays d'origine. Or, au XIe siècle, au temps de Rostang, tous ces grands souvenirs avaient disparu sans laisser le moindre vestige. Cela ne laisse pas d'être un peu surprenant.

Dom G. Morin continue l'exposé de ses conclusions : « Saint Maxi-

---

Maria Magdalene usque ad Aquensem civitatem pervenit, quem populus Aquensis ibidem archiepiscopum constituit. Ipse autem Deo perfecte serviens, in eadem civitate ecclesiam in honorem sancti Salvatoris et sanctæ Resurrectionis construit, altaria propriis manibus consecravit, reliquias de sepulcro Domini, et alias nobis innotas, in ecclesia abscondit. In qua dum vixit Salvatori serviens cum sancta Maria Magdalene, in pace quievit. Sepulchrum utriusque apud nos. Nunc autem, quia tantum est parva ecclesia quod vix decem possit capere homines ad orandum, nos majorem incipimus construere ecclesiam, in qua vos et alii venientes spaciose possitis manere, et vigilias vestras sancto Salvatori licerter reddere. (Gall. chr. nov. Jnst. col. 2.)

min est un confesseur, peut-être un évêque, dont le culte a eu pour point de départ la ville de Billom. Saint Sidoine n'est autre que le célèbre évêque de Clermont, Sidoine Apollinaire. Les deux Innocents honorés près de lui dans les cryptes de Saint-Maximin lui tenaient déjà compagnie dans l'église d'Aydat l'ancien *Avitacum*. » De même pour sainte Marcelle, qui ne serait que la bergère de ce nom, honorée jusqu'à nos jours en Auvergne.

Mais puisque au XIe siècle on ne savait plus un mot de toutes ces choses, comment les Provençaux, quelque grande que soit leur puissance d'amplification, en vinrent-ils à s'imaginer que tous ces saints personnages venaient de la Terre-Sainte ? Si encore ils avaient su que, parmi les disciples de Notre-Seigneur, il s'en trouvait un qui s'appelait Maximin, que l'aveugle-né portait le nom de Sidoine, que la servante de Marthe s'appelait Marcelle, on comprendrait. Mais savaient-ils cela ? Non. D'où pouvait donc leur venir l'idée que ces saints venaient de la Palestine et qu'ils avaient vécu dans l'entourage du Sauveur. Comment expliquer cette substitution, dans leur esprit, de la Palestine à l'Auvergne ?

Sainte Madeleine, dont le culte était si répandu et si solennel en Provence et dont le nom était lié à ceux des autres personnages du même groupe, ne venait pas sans doute, elle aussi, de l'Auvergne ? et sainte Marthe ? Dom G. Morin avoue que sur ces deux saintes il n'a pu obtenir le moindre rayon de lumière. On peut lui prédire qu'il ne trouvera jamais rien qui lui permette d'affirmer qu'elles venaient d'ailleurs que de la Terre-Sainte.

Cette considération, qui n'est pas sans valeur, aurait dû le rendre plus circonspect, et lui faire abandonner l'hypothèse qui l'a séduit, au point de lui faire croire qu'il venait de faire une vraie découverte.

En voici une autre d'une toute autre importance, et qui ruine par la base tout le système.

L'inscription du reliquaire d'Aydat mentionne *deux saints Innocents et saint Sidonius* honorés dans ce pays. D'où ces deux saints Innocents étaient-ils venus en Auvergne ? Au lieu de répondre, Dom G. Morin se dérobe : « Les deux saints Innocents honorés près de lui (de Sidoine Apollinaire) dans la crypte de Saint-Maximin lui tenaient déjà compagnie dans l'église d'Aydat l'ancien *Avitacum*. » Mais cela ne dit pas d'où venaient ces deux saints Innocents pour s'installer à côté de Sidoine

Apollinaire et lui tenir compagnie dans l'église d'Aydat. Voilà ce qu'il aurait fallu dire, et ce qui n'est pas dit. Ce point est capital.

Nous pouvons donc ici encore retourner l'argument de Dom G. Morin relativement à l'exportation des reliques et du culte de ces saints, soit d'Auvergne en Provence, soit de Provence en Auvergne. « Peut être y aurait il lieu d'hésiter, n'était le cas *des deux saints Innocents*. Il est clair, en effet, qu'on ne saurait assigner au culte de ceux-ci à Aydat une origine *endémique*. C'est bien l'ancien *Avitacum* qui est ici le point *d'arrivée*. Cette certitude une fois acquise pour *les uns* vaut pareillement pour les autres personnages dont le groupe se constitue. » Voilà un fait qu'il est désormais difficile de contester.

Si donc il y a eu exportation de reliques et de culte, elle se fit de Provence en Auvergne, de Saint-Maximin à Aydat ; le Sidoine de l'inscription du reliquaire, c'est celui qui était honoré à Saint-Maximin, car il n'y a aucun rapport entre les deux saints Innocents et l'évêque de Clermont, tandis qu'il y en a de très étroits entre eux et le Sidoine de Saint-Maximin, puisqu'ils étaient honorés ensemble dans la même crypte, où, à coup sûr, ils étaient venus ensemble. On comprend dès lors que ceux qui emportèrent des reliques des saints Innocents en Auvergne en aient en même temps emporté de saint Sidoine. D'autre part, il y avait, dans l'église de Saint-Maximin un autel dédié à saint Sidoine, et de plus au même saint était dédiée une église au diocèse de Toulon. Il n'est guère vraisemblable que tant d'honneurs aient été accordés à une relique minime d'un saint étranger, car le corps du saint évêque de Clermont était conservé tout entier dans cette ville. Dans la suite, les habitants d'Aydat purent croire que le Sidoine du reliquaire n'était autre que Sidoine Apollinaire, le célèbre évêque de Clermont, leur compatriote, ce qui explique fort bien pourquoi leur fête se célébrait le même jour. Mais pourquoi, dira-t-on, aurait on porté justement à Aydat la relique du saint Sidoine honoré à Saint-Maximin ? Pour la même raison, sans doute, qu'on y porta celles des saints Innocents, dont la présence est attestée par l'inscription du reliquaire. D'ailleurs, est-il bien sûr que le culte de saint Sidoine Apollinaire ait été établi de bonne heure à Aydat ? « C'est là aussi, *paraît-il*, ajoute Dom G. Morin, un des endroits où le culte du dernier zélateur des lettres latines, devenu l'émule des plus saints évêques, a été le plus vivace durant le moyen âge. » Et la preuve ? c'est « le reliquaire de pierre qui contenait jadis les ossements du pontife » mais c'est justement ce qui est en question, cette preuve n'a donc aucune valeur. Quant aux *ossements du Pontife*, ils devaient être minimes, nous l'avons dit, car au IX° siècle, le corps du saint évêque était encore tout entier à Clermont (1). »

De même, non loin d'Aydat, on pensa que saint Maximin et sainte Marcelle dont on avait les reliques étaient nés et avaient vécu dans le pays. C'est pourquoi Dom G. Morin n'a trouvé sur ces saints, soi-disant du pays d'Auvergne, aucun renseignement tant soit peu précis et quelque peu ancien, aucun, absolument aucun ; du vague, de l'incertain, du confus, du contradictoire, des opinions récentes, voilà tout.

L'explication que nous venons de donner est fort vraisemblable et ne demande pas une puissance d'amplification comparable à celle des gens de Marseille, qui au dire de Dom G. Morin, auraient pris un évêque d'Aix, Lazare, du V° siècle, fort connu dans l'histoire pour Lazare le ressuscité, dont ils auraient fait le premier évêque de leur ville et un martyr.

D'après Dom G. Morin, la translation des reliques de ces saints, de l'Auvergne en Provence, eut lieu entre le VIII° et le X° siècle ; nous venons de voir que la translation, s'il y en eut une, se fit de Saint-Maximin en Auvergne, comme la présence des deux saints Innocents dans ce dernier pays suffit à le montrer. Quant à l'époque, nous avons une donnée sérieuse, c'est l'inscription du reliquaire d'Aydat ; quelle date convient-il de lui assigner? Dom G. Morin adopte sur l'âge de cette inscription l'opinion de M. Prou qui « incline à voir dans l'inscription d'Aydat la reproduction plus ou moins habile d'un prototype mérovingien par un sculpteur du XII° siècle ». Nous nous rangeons volontiers à l'opinion de ces deux savants hommes. C'est donc avant le milieu du VIII° siècle qu'il faut placer la translation des reliques des deux saints Innocents et de saint Sidoine, de Saint-Maximin en Auvergne, où se trouve l'inscription qui constate là leur présence. Donc dès cette époque les deux saints Innocents et saint Sidoine étaient honorés à Saint-Maximin. Ceci découle logiquement de tout ce qui précède, et paraît peu contestable, ou pour mieux dire, c'est certain. Mais cette certitude, pour invoquer encore le raisonnement de Dom G. Morin, une fois

---

(1) Bolland. *act. SS.*, 23 aug.

acquise pour ces saints vaut pareillement pour les autres personnages dont le groupe se constitue. Donc, avant le milieu du VIII° siècle saint Maximin, l'un des soixante et douze disciples du Sauveur, premier évêque d'Aix ; saint Sidoine, aveugle-né, évêque d'Aix après saint Maximin ; sainte Marcelle, servante de Marthe et de Maximin ; enfin deux saints Innocents étaient honorés à Saint-Maximin.

Cette conséquence qui se déduit rigoureusement, selon le raisonnement de Dom G. Morin, de la présence des deux saints Innocents et de saint Sidoine à Aydat, comme nous l'avons fait voir, a une grande importance dans la question des « traditions provençales », puisque l'on met au défi de prouver qu'avant le XI° siècle le culte de ces saints fût connu en Occident. Puisque ce terrain est si ferme, faisons un pas en avant, en nous appuyant cependant, par précaution, encore une fois sur le raisonnement de Dom G. Morin.

Ces saints Innocents, honorés à Saint-Maximin dès avant le milieu du VIII° siècle, d'où venaient-ils ? Evidemment de l'Orient, de la Palestine ; rien n'est plus certain. Cette certitude une fois acquise doit valoir pour les autres personnages dont le groupe se constitue, lesquels doivent, eux aussi, venir d'Orient, de Palestine.

Conclusion. — Dom G. Morin a dépensé une assez jolie somme d'érudition sans arriver à son but. Pour saint Lazare, il s'appuie sur des hypothèses qui, fussent-elles vraies, ne sauraient l'autoriser à admettre sans preuve l'invraisemblance choquante selon laquelle, les gens de Marseille auraient pris un évêque du V° siècle, du nom de Lazare, pour saint Lazare le ressuscité, dont ils auraient fait le premier évêque de leur ville et un martyr.

Quant aux saints dont on montre les tombeaux dans la crypte de Saint-Maximin, nous devons remercier Dom G. Morin d'avoir appelé notre attention sur ce côté de la question, car c'est pour nous qu'il a travaillé.

En effet, il demeure acquis d'après lui, et à bon droit, que l'on s'applaudit en vain d'avoir détruit les traditions provençales, si l'on ne met aucune réalité sous tous ces noms, sous toutes ces reliques, sous tous ces faits, et que faute de cela faire, leur existence demeure inexplicable.

Mais, au lieu de le conduire à la découverte de cette réalité néces-

saire, ses recherches se sont égarées, et sans qu'il s'en soit douté nous ont permis d'établir que dès avant le milieu du VIIIe siècle on honorait à Saint-Maximin les saints dont on voit les tombeaux dans les cryptes de cette église. Ce résultat n'est pas d'une mince valeur dans la question en litige.

Aix. — Imprimerie J. NICOT, rue du Louvre, 16. — 8.96

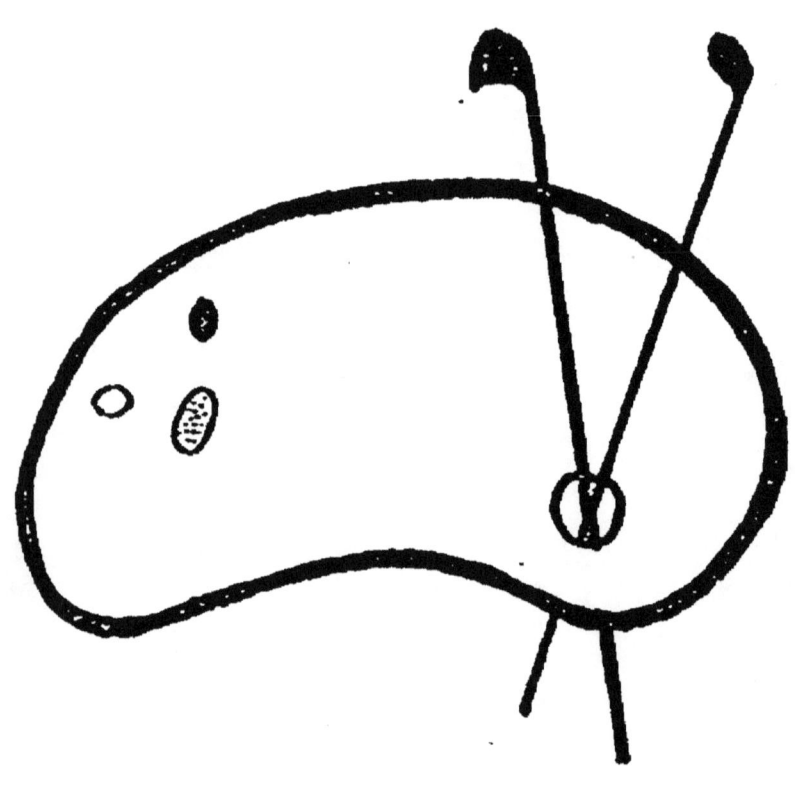

ORIGINAL EN COULEUR
NF Z 43-120-8

www.ingramcontent.com/pod-product-compliance
Lightning Source LLC
Chambersburg PA
CBHW060932050426
42453CB00010B/1967